AF454819

26 FEV. 1866

P

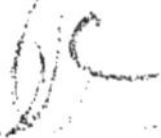

COLLECTION DU PRINCE SIGISMOND RADZIVILL

Première Partie.

TABLEAUX

VENTE LE 26 FÉVRIER 1866

Exposition le 25 Février 1866

COMMISSAIRES-PRISEURS :

Me Charles PILLET. | Me COUTURIER

M. BARRE, Expert.

RENOU & MAULDE

IMPRIMEURS DE LA COMPAGNIE DES COMMISSAIRES-PRISEURS

Rue de Rivoli, 144.

COLLECTION DU PRINCE SIGISMOND RADZIVILL

CATALOGUE

DE

TABLEAUX

ANCIENS

DES

Écoles Française & Hollandaise

DONT LA VENTE AUX ENCHÈRES AURA LIEU

HOTEL DROUOT

SALLE N° 5

Le Lundi 26 Février 1866

A DEUX HEURES ET DEMIE

Par le ministère de Me **Charles PILLET,** Commissaire-Priseur, rue de Choiseul, 11,

Et de Me **COUTURIER,** son Confrère, rue Drouot, 21,

Assistés de **M. BARRE,** Expert, Cité d'Antin, 7.

EXPOSITION PUBLIQUE

Le Dimanche 25 Février 1866, de 2 heures à 5 heures

PARIS — 1866

Parmi les Tableaux les plus importants composant la première Partie de cette Collection, nous mentionnerons : une œuvre capitale de David Téniers, connue sous le nom du *Chirurgien de Village*, peinture d'un ton argentin et d'un fini précieux; une Tête de Jeune Fille, de Greuze, charmante d'expression et de modelé; un Portrait de Lenôtre, par Largillière; un autre, de Jeune Fille, par Reynolds, d'une grâce et d'un coloris exquis; deux compositions importantes de Diétrick, sujets gracieux traités dans la manière de Watteau ; et enfin, divers œuvres remarquables de Karel Dujardin, F. Bol, Éverdingen, Rachel Ruysch, Van der Neer, Huchtenburg, Raoux, Synders, etc., etc.

CONDITIONS DE LA VENTE

Elle sera faite au comptant.

Les Acquéreurs paieront CINQ POUR CENT en sus des Adjudications.

CE CATALOGUE SE TROUVE :

A Paris.............	Chez MM.	CH. PILLET, Commissaire-Priseur, rue de Choiseul, 11.
Id.	—	COUTURIER, Commissaire-Priseur, rue Drouot, 21.
Id.	—	BARRE, Expert, Cité d'Antin, 7.
Londres............	—	COLNAGHI, Pall-Mall-East, 14.
Id.	—	John WEBB, Cork-Street-Burlington-Garden, 22.
Id.	—	N. DURLACHER, New-Bond-Street, 113.
Id.	—	ANNOOT, Old-Bond-Street, 16.
Bruxelles...........	—	Étienne LEROY, place du Grand-Sablon, 12.
Rotterdam..........	—	LAMME, conservateur du Musée.
La Haye............	—	DIRKSEN, Hopsfui, 99.
Berlin...............	—	FIOCATI, unter den Linden, 21.
Id.	—	LEPKÉ, unter den Linden, 12.
Vienne..............	—	ARTARIA et Cie.

DÉSIGNATION

DES

TABLEAUX

ARTOIS (VAN) & TÉNIERS

1 — Paysage boisé. 142 —

Un paysan se fait dire la bonne aventure par une vieille bohémienne.

BALEN (VAN)

2 — Amours célébrant la fête de Bacchus. 180 —

B. BESCHEY (SIGNÉ)

3 — Portrait d'homme à barbe blanche.

Il est représenté la tête couverte d'un riche turban et vêtu d'un manteau rouge orné de fourrures.

B. BESCHEY (SIGNÉ)

4 — Portrait de dame. 175 —

Elle est vêtue d'un riche costume de fantaisie, et tient à la main un œillet rouge.

B. BESCHEY (SIGNÉ)

5 — Hérodiade portant la tête de saint Jean.

B. BESCHEY

6 — Décollation de saint Jean.

BOL (FERDINAND) SIGNÉ

7 — Portrait d'un savant.

Il a la tête couverte d'un bonnet en étoffe, sur lequel est inscrit le mot : φιλωσ, et tient un parchemin.

BRAKEMBURG

8 — Buveurs attablés. (Deux pendants.)

BRAUWER

9 — Intérieur flamand.

Au premier plan, des paysans attablés sont occupés à jouer; dans le fond, d'autres se chauffent près d'une cheminée.

BRÉDA (SIGNÉ)

10 — Attaque d'une forteresse.

Au premier plan, des cavaliers viennent de faire une sortie; ils combattent les uns avec l'épée, les autres avec le pistolet. Dans le fond, une forteresse défendue par un grand nombre de soldats.

BRÉDA (SIGNÉ)

11 — Vue d'un camp.

Des officiers supérieurs, suivis d'une nombreuse escorte, vont visiter un camp dont les tentes sont disposées dans une campagne à perte de vue.

BRÉDEL (CHEVALIER)

12 — Combat de cavalerie.

Au premier plan, un soldat se sauve emportant un drapeau, tandis qu'au milieu de la fumée, des cavaliers combattent avec acharnement.

BRÉDEL (CHEVALIER)

13 — Choc de cavalerie.

Dans une plaine parsemée de quelques bouquets d'arbres, des cavaliers et fantassins se livrent un furieux combat. Au premier plan, un soldat achève un blessé.

BREUGHEL DE VELOURS

14 — Paysage avec rivière.

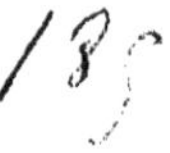

Sur une route traversant un village, on aperçoit des chariots, des cavaliers et des piétons. Dans le lointain se dessine toute une ville avec ses maisons et ses clochers.

BREUGHEL & VAN BALEN

15 — Allégorie du Printemps.

Apollon, assis sur un tertre, joue de la viole et fait danser des Amours qui se tiennent enlacés par des guirlandes de fleurs.

G. DATHAN (SIGNÉ)

16 — Portraits de François, duc de Lorraine, et de Marie-Thérèse.

Ils sont représentés en costumes mythologiques, dans un palais d'un grand style architectural.

DIÉTRICK

17 — Les Amusements champêtres.

Dans un parc orné de statues, divers groupes de personnages assis sur l'herbe sont occupés, les uns à causer, les autres à regarder danser un seigneur et une dame qui exécutent un pas aux sons d'une musique champêtre.

DIÉTRICK

18 — Pendant du précédent.

Au pied d'une vieille muraille sur laquelle est appliqué un bas-relief représentant une bacchanale, des dames et des seigneurs en costume Louis XV, les uns assis, les autres debout, devisent de propos galants.

Ces deux charmantes compositions rappellent complétement la manière de Watteau.

DIÉTRICK

19 — Danse dans un parc.

Un seigneur et une dame, entourés d'un grand nombre de personnages, dansent aux sons d'une musique villageoise.

DIÉTRICK

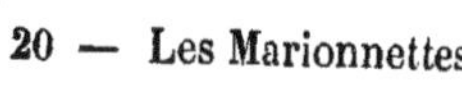

20 — Les Marionnettes.

Sur un théâtre établi en plein vent, Pierrot et son acolyte montrent des marionnettes à une élégante réunion de personnes assises dans un parc.

EVERDINGEN (Van)

21 — Paysage.

Au premier plan, un chasseur tenant du gibier demande sa route à un jeune garçon ; au milieu, des paysans à pied, d'autres sur leurs montures, gagnent une route formée par deux rangées d'arbres ; au fond, un petit bois qui se perd dans le lointain.

La lumière admirablement projetée dans ce paysage en fait valoir toute la beauté, et donne un ton des plus agréables à ce tableau.

FERG (Paul)

22 — Fête de village.

Des paysans se livrent au plaisir de la danse, d'autres prennent leur repas sous une tente ; dans le fond du paysage, on aperçoit les ruines d'un château fort.

FERG (Paul)

23 — Pendant du précédent.

Sur une estrade, un charlatan, aidé de ses compères, cherche à attirer la foule ; près de là, des paysans établis sous des tentes débitent leurs marchandises ; au fond, un pont rustique relie deux châteaux forts.

FLINCK (Govaert)

24 — Portrait d'homme en costume noir.

Il est représenté debout dans un paysage, une canne à la main.

J.-B. GREUZE

25 — Buste de jeune fille.

Elle est représentée tête nue, un ruban rouge dans les cheveux et un fichu blanc autour du cou; à son corsage un petit bouquet de roses à demi fanées.

La douce expression de mélancolie de cette figure, le modelé des chairs et la finesse des tons donnent un charme infini à cette composition.

GRYEF (signé)

26 — Chasseurs et Gibier.

A l'entrée d'un bois, un paysan assis garde, en fumant, de nombreuses pièces de gibier; plusieurs chiens sont auprès de lui; au fond, un piqueur sonne l'hallali.

GRYEF (signé)

27 — La chasse aux Canards.

Un paysan assis garde du gibier, aidé de son chien; près d'une rivière, des chasseurs tirent sur des canards sauvages. (Pendant du précédent.)

HEDA (Van)

28 — Nature morte.

Sur une table en bois recouverte d'une nappe sont posés : un gobelet et un plat en argent contenant un pâté, une conque montée en vermeil, trois verres de Venise et un citron à demi pelé.

HEEMSKERKE

29 — Le Marchand en plein vent.

Sur une place publique, un débitant a établi tout l'attirail de son métier; des mendiants groupés autour de lui le contemplent avec curiosité, pendant qu'il se moque d'un pauvre diable qui compte sa monnaie.

355

G. HOET (SIGNÉ)

30 — Les Joueurs.

Plusieurs seigneurs sont attablés devant la porte d'une auberge et jouent aux cartes en fumant. L'un d'eux cause avec la servante.

142

HONDEKOETER

31 — Près d'un mur, des Paons, un Faisan, un Coq, des Poules et un Poussin.

32 — Coqs et Poules dans un paysage.

HUBERT ROBERT (SIGNÉ)

33 — Paysage avec ruines.

Au premier plan, un artiste est occupé à dessiner les ruines d'un superbe palais; plusieurs personnages examinent son travail.

410

HUCHTENBURG (SIGNÉ)

34 — Combat de cavalerie.

Au milieu d'un groupe de cavaliers excités par la présence de leur chef, un soldat défend avec énergie son drapeau. Au second plan, près d'un bouquet d'arbres, on voit arriver d'autres cavaliers qui viennent prendre part au combat.

KAREL DUJARDIN

35 — Le passage du Gué.

Au pied des montagnes, dont les sinuosités sont éclairées par les reflets d'un soleil couchant, coule une petite rivière que traversent, tranquillement assis sur leurs montures, un berger et une bergère conduisant un troupeau de bœufs et de moutons.

LAMPI (SIGNÉ)

36 — Portrait de lord Witwort, ambassadeur près la cour de Russie.

Il est représenté tête nue, et vêtu d'un manteau rouge orné de fourrures, sur lequel sa main est appuyée.

LARGILLIÈRE (SIGNÉ)

37 — Portrait de Robert de Cotte.

Il est représenté tête nue, avec un riche costume et enveloppé d'un manteau de velours.

MATTEI MISS (SIGNÉ 1653)

38 — Nature morte.

Sur une table de bois sont posés des fruits et des légumes ; à côté, du gibier que garde un chien.

MENGS (RAPHAEL)

39 — Sujet mythologique.

Jupiter, sous les traits d'un jeune homme, séduit la nymphe Calisto, des amours tiennent un chien en laisse.

MEULEN (Van Der)

40 — Attaque d'un Convoi.

MIREVELT

41 — Portrait équestre du prince Henri d'Orange.

Il est représenté tête nue, revêtu d'une armure et l'épée au côté.

NEER (Van Der)

42 — Incendie.

Au milieu de la nuit, un incendie dévore les maisons d'une ville au bord d'un canal, et éclaire de ses sinistres lueurs les chaumières situées sur la rive opposée.

NATTIER

43 — Buste de jeune femme.

Des perles dans les cheveux et au cou.

PALAMÈDES (signé)

44 — La Danse.

Dans un intérieur, des personnages en costume Louis XIII, les uns à table, les autres debout, regardent danser un cavalier et une dame. Dans le fond, un musicien joue de la basse.

PORBUS

45 — Portrait de Sigismond II.

Il est vêtu d'un costume noir et porte une toque sur la tête.

RAOUX (J.)

46 — Jeune Femme, le coude appuyé sur une table, lisant avec attention un livre qu'elle tient dans ses mains.

Elle est coquettement vêtue d'un corsage jaune, garni de rubans bleus, qui laisse sa poitrine découverte; une partie de sa tête est vivement éclairée par une lumière cachée par un rideau. Sur la table, une tabatière contenant un portrait d'homme.

REYNOLDS

47 — Portrait de Jeune Fille.

Elle est représentée assise, la main appuyée sur une cage, et donnant à manger à un oiseau posé sur son épaule.

La richesse du coloris, l'harmonie des tons et le charme de la composition en font une œuvre capitale du maître.

RUYSH (Rachel)

48 — Bouquet de fleurs.

Sur une console en marbre est posé un vase de cristal contenant un riche bouquet de fleurs sur lesquelles reposent différents insectes.

F. SNYDERS (SIGNÉ)

49 — Un Homme vient déposer une corbeille remplie de Fruits sur une table, où se trouvent déjà un Chevreuil et d'autre gibier mort.

50 — La Marchande de Poissons.

TÉNIERS LE JEUNE (DAVID)

51 — Le Chirurgien de village.

Un vieillard assis sur un escabeau, tenant sa jambe avec ses deux mains, comme pour se soulager, présente son pied au chirurgien qui, un genou à terre, examine l'état de sa blessure. Près de là, sur une table de bois où sont placés des vases de pharmacie et un réchaud de terre, un apprenti fait chauffer un emplâtre et attend le moment où le patient sera prêt à le recevoir. A côté, une vieille femme, les mains sous son tablier, assiste au pansement.

Dans le fond du tableau, un vieillard prépare quelques médicaments. — Une botte de pavots, des herbes sèches pendues à la muraille, des vases en grès et en cuivre placés sur des planches ou posés par terre décorent cette habitation rustique où la lumière scintille de tous côtés, laissant une partie dans le clair-obscur, comme pour donner encore plus de relief aux nombreux détails de cette composition.

Le fini précieux, joint au ton argentin de la peinture, et l'importance des figures et des accessoires, font de ce tableau une œuvre exceptionnelle.

VERSCHURING (SIGNÉ)

52 — Le Retour de la Chasse.

Près de monuments d'une riche architecture et à l'ombre d'un bouquet d'arbres, des dames et des seigneurs se reposent. Une châtelaine, en riche costume, s'apprête à descendre de cheval ; plus loin, des valets font rentrer les chiens.

VERSCHURING

53 — Le Départ pour la Chasse.

Des dames et des seigneurs descendent l'escalier d'un palais orné de statues équestres et vont partir pour la chasse. Des valets tiennent des chevaux tout prêts.
Pendant du précédent.

VILLEBECK (Pétrus) signé 1646

54 — Tête de la Vierge.

Une guirlande de fruits que rattachent des branches de lierre entoure un bas-relief représentant le buste de la Vierge peint en grisa ille

ZIEZEL (signé)

55 — Bouquet de fleurs.

Dans une niche en pierre est posé un vase en terre cuite contenant un superbe bouquet de fleurs; à côté se trouve une grappe de raisin.

ZIEZEL (signé)

56 — Pendant du précédent.

Sur une table de marbre de couleur sont posés un vase en cristal contenant des fleurs, un nid, des pêches et des raisins.
Pendant du précédent.

Mosaïques de Rome du XVIe Siècle.

57 — Tête de madone.

58 — Tête de saint Joseph.

Renou et Maulde, imprimeurs de la Compagnie des Commissaires-Priseurs,
rue de Rivoli, 144 49412

www.ingramcontent.com/pod-product-compliance
Ingram Content Group UK Ltd.
Pitfield, Milton Keynes, MK11 3LW, UK
UKHW021045260726
13994UKWH00005B/2357